名人传

白居易

乐天诗雄

高莉莉 著　　王平 绘

人民文学出版社
PEOPLE'S LITERATURE PUBLISHING HOUSE

著作权合同登记号　图字 01-2023-1735

ⓒ三民书局股份有限公司

本著作中文简体字版由三民书局股份有限公司授权上海九久读书人文化实业有限公司与人民文学出版社在中国大陆(台湾、香港、澳门地区除外)独家出版。

图书在版编目(CIP)数据

白居易：乐天诗雄/高莉莉著；王平绘. —北京：
人民文学出版社，2019(2024.11 重印)
(名人传)
ISBN 978-7-02-015141-7

Ⅰ.①白…　Ⅱ.①高…②王…　Ⅲ.①白居易(772-846)-传记　Ⅳ.①K825.6

中国版本图书馆 CIP 数据核字(2019)第 060795 号

责任编辑　卜艳冰　吕昱雯
装帧设计　汪佳诗

出版发行　人民文学出版社
社　　址　北京市朝内大街 166 号
邮政编码　100705

印　　制　山东新华印务有限公司
经　　销　全国新华书店等

字　　数　53 千字
开　　本　890 毫米×1240 毫米　1/32
印　　张　3.875
版　　次　2019 年 7 月北京第 1 版
印　　次　2024 年 11 月第 3 次印刷

书　　号　978-7-02-015141-7
定　　价　35.00 元

如有印装质量问题，请与本社图书销售中心调换。电话:010-65233595

序

　　不论世界如何演变，科技如何发达，但凡养成了阅读习惯，这将是一生中享用不尽的财富。

　　三民书局的刘振强董事长，想必也是一位深信读书是人生最大财富的人，在读书人数往下滑落的多元化时代，他仍然坚信读书的重要性。刘董事长也时常感念，在他困苦贫穷的青少年时期，是书使他坚强向上；在社会普遍困苦、生活简陋的年代，也是书成了他最好的良伴。他希望在他的有生之年，分享这份资产，让其他读者可以充分使用。

　　"名人传"系列规划出版有关文学、艺术、人文、政治与科学等各行各业有贡献的人物故事，邀请各领域专业的学者、作家同心协力编写，费时多年，分梯次出版。在越来越多元化的世界中，每个人都有各自的才华与潜力，每个朝代也都有其可歌可泣的故事，但是在故事背后所具有的一个共同点，就是每个传记主人公在困苦中不屈不挠的经历，这些经历经由各位作者用心查阅有关资料，再三推敲求证，再以文学之笔，写出了有趣而感人的故事。

西谚有云：世界因有各式各样不同的人，才更加多彩多姿。这套书就是以"人"的故事为主旨，不刻意美化主人公，以他们的生活经历为主轴，深入描写他们成长的环境、家庭教育与童年生活，深入探索是什么因素造成了他们的与众不同，是什么力量驱动了他们锲而不舍地前行。以日常生活中的小故事来描写出这些人为什么能使梦想成真，尤其在阅读这些作品时，能于心领神会中得到灵感。

和一般从外文翻译出来的伟人传记所不同的是，此套书的特色是由熟悉文学的作者用心收集资料，将知识融入有趣的故事，并以文学之笔，深入浅出写出适合大多数人阅读的人物传记。在探讨每位人物的内在心理因素之余，也希望读者从阅读中激励出个人内在的潜力和梦想。我相信每个人都会发呆做梦，当你发呆和做梦的同时，书是你最私密的好友。在阅读中，没有批判和讥讽，却可随书中的主人公海阔天空一起遨游，或狂想或计划，而成为心灵

知交。不仅留下从阅读中得到的神交良伴（一个回忆），如果能家人共读，读后一起讨论，绵绵相传，留下共同回忆，何尝不是一派幸福的场景！

谨以此套"名人传"丛书送给所有爱读书的人。你们都是世界上最幸福的人，因为一直有书为伴，与爱同行。

目　录

名人传

白居易

772—846

1. 可敬可爱的家人

文武兼备留青史——白居易的诞生及家世

唐代宗大历七年（772 年），农历正月二十日，一阵响亮的哭声从郑州新郑县的白家宅院传出——

"哇——哇——哇——"

白家上上下下都沉浸在欢乐的气氛中，因为白家又多了一个可爱的新成员！

抱着刚刚诞生的小婴孩，白母的脸上满是欣喜："孩子的爹，你看这孩子的眼睛十分明亮，好像天上的星星，多么惹人疼爱啊！你想我们该为他取什么名呢？"

饱读诗书的白父对着这个可爱的孩子，左看看，右看看，然后摸着胡子频频点头说："这个孩子不仅不哭闹，还十分平静祥和，想必将来一定能有大作为！《中庸》说

'君子居易以俟命'，有德的君子安分守己，以等待天命的降临，所以能过得安详自在。希望这孩子将来也能成为一位有德的君子，我们就叫他'居易'好了！"

白母听了这番话后，高兴地对着怀中的孩子说："居易，居易，真是个好名字！希望我们的居易将来能成为一位品德良好的君子！"

古人出生后由父亲取"名"，"名"是供长辈称呼和自称用的，由白居易的名中，可以看出父母对他的期望。成年后，白居易自己取字为"乐天"，则是用自《易经》中的"乐天知命故不忧"。强调知足之乐，无求于人的生活态度，也和父母对他的期许相符合。"字"是平辈和晚辈为表礼敬之意而使用的。又因为白居易在家排行第二十二，所以称白二十二郎。还有"香山居士""醉吟先生"，则是白居易用来称自己的"号"。

白居易自称先祖是战国时代秦国名将白起，白起曾经率军攻打韩、魏、赵、楚等国，是位英勇善战的大将军，被封为武安君。秦始皇为了纪念白起的英勇，就将太原这块地分封给白起的子孙，所以白居易自称是太原人。后来白居易的祖父白锽在河南当县令，因为新郑这个地方物产丰富，人民又温和善良，所以白家便决定在此地定居了。

白锽在白居易出生一年后病逝于长安，享年六十八岁。他为人善良，明辨是非，造福百姓，也成为白居易入仕后所效法的好榜样。

白季庚，是白居易的父亲，也是白锽的长子。白季庚担任徐州的彭城县令时，正值徐州爆发叛乱，叛军用重兵守住城口，阻绝航道，官员们都惊慌得不知所措，惟独白季庚镇静地思考对付叛军的方法："现在最要紧的是先劝徐州刺史李洧归顺朝廷才行！"于是，白季庚马上动身前往徐州劝说李洧。他用诚恳的态度对李洧说："李大人，我一向敬佩您指挥军队的能力，也很欣赏您豪迈的个性，认为您是有智谋而且能为朝廷效力的大臣，我相信皇上也是这样想的。所以请您相信我，只要您肯归顺朝廷，帮助朝廷消灭这些叛党，皇上一定会感念您的功劳，让您将功赎罪！"

李洧看到白季庚如此谦逊有礼，又听到有立功赎罪的机会，顽强抵抗的态度也瞬间软化了。他的表情由不屑渐渐变成和善，说："好吧！我就答应归顺朝廷，和白县令一起并肩作战！"

白季庚说服了固执的李洧归顺朝廷后，立刻上奏京师，请求朝廷派兵援助。不料，却迟迟等不到朝廷的援军。眼看着叛军节节逼近，徐州即将陷入灭城的命运，白季庚将城中的官吏和民众都集合在城下，他站在城中的高台上，大声对百姓喊话："各位徐州乡亲，我和你们一样都想过安定的日子，不想成为敌军的俘虏，虽然我们只有一千多人，但是，只要我们团结合作，一定可以守住家园，大家要坚持下去啊！"

原本害怕的徐州百姓，一听到白季庚要和他们一起死守家园，纷纷燃起斗志，同声回应："白大人，请您放心！我们一定会团结合作，努力坚持下去的！"

叛军见徐州官民如此团结，怎么攻打都无法使他们投降，于是派更多人马来攻城。白季庚和所有城民死守城池四十二天，即使早已筋疲力尽，但他们誓死保城的决心却不曾动摇。就在城门即将被攻破的刹那，援军终于来了！叛军一见援军势力庞大，个个吓得脸色发青，拔腿就跑，

徐州城终于安然保住了！

百姓们见徐州城的情势转危为安，不断欢呼："白大人，我们赢了！我们终于赢了！"

白季庚也激动地对百姓说："这都要归功于你们的勇敢和团结啊！"

皇上为了嘉勉白季庚的功劳，于是升了他的官职。后来白季庚因为政绩优良，屡受赞赏和奖励，直到六十六岁病逝于襄阳。父亲的智勇和忠诚深深影响了少年时代的白居易。

同心终老不相离——白居易的兄弟

唐代原本国力强盛，疆域广大，经济和文化都十分发达，却因为玄宗皇帝晚年昏庸，任人不当，使得社会乱象频生，爆发了"安史之乱"。所谓"安史之乱"就是指唐玄宗天宝十四年（755年）时，安禄山、史思明等镇守边城的节度使，率兵作乱造反的事件。叛军不仅攻陷洛阳，还进入长安城，连玄宗也为了躲避战乱而逃往四川，唐代的国势从此由盛转衰。幸好有英勇的郭子仪和李光弼等人，率领唐朝大军攻打叛军，才在唐代宗广德元年（763 年）平定了这场乱事。历时九年的"安史之乱"最后虽然得到平定，但各地的军队将领仍然不断作乱，朝中宦官和党派相争的问题更是愈来愈严重，再加上朝廷对民间征收繁重的赋税，使得百姓纷纷破产流亡，无家可归，而白居易的幼年时代，也深受连年战祸的影响。

白家原来在新郑，后来因新郑时常有叛军作乱，所以白季庚就带着一家人迁居到徐州。只是战乱的情势不仅没有改善，反而更加严重，所以白季庚只好再将家人送往越中避难。在越中避难的这段期间，白居易和家人都是依靠江南亲友的援助才得以过活。

离开从小生长的家乡及朋友，处在异乡的白居易饱尝思乡之苦。他常在夜里望着星空叹气，脑海中浮现的尽是和家乡兄弟们相处的欢乐画面。恰巧某天，白家来了一位客人，正打算前往北方。白居易知道后，欣喜若狂地问那位客人说："请问您会经过徐州吗？可否请您为我带封信给徐州的亲友？我真的好想念他们，拜托您帮帮我好吗？"

客人被白居易的热情和真诚所感动，当下就说："好啊，那你现在就把信交给我吧！"

白居易心中的千言万语，化作了一首二十八字的七言绝句：

> 故园望断欲何如？
>
> 楚水吴山万里余。
>
> 今日因君访兄弟，
>
> 数行乡泪一封书。

白居易此时只有十五岁，在他的诗中透露出对亲人及兄弟深深的思念之情，还有难以排遣的浓厚乡愁。

白居易的大哥名叫白幼文，远在饶州的浮梁县当官。在父亲去世后，他给白居易写信："居易吾弟，母亲和弟弟都过得好吗？我非常想念你，真希望能和你早日会面！"

白居易到来后，白幼文亲切地对他说："居易，谢谢你帮我照顾母亲和弟弟，让身处异乡的我少了一些担忧。听说宣州近期内要举办乡试①，大哥知道你平常十分努力向学，你若参加考试，一定能金榜题名！"

起初，白居易心中还有点儿犹豫不决，但是白幼文却一直鼓励他："我这里有一些钱和米粮，你先拿回家给母亲，之后再来我这里，在准备考试的这段期间，我会负责照顾你的生活，直到你考试结束！"

白居易又考虑了一会儿，才答应了大哥的建议："好吧！那我就去试试看吧！"

白居易回家将母亲和弟弟都安顿好后，便前往浮梁去投靠大哥。在准备考试的这段期间，大哥对白居易的照顾无微不至，白居易心中深记着这份恩情，所以日后当他担任江州司马时，便立即把大哥一家人都接来江州，照顾他们的生活起居。白居易对大哥怀着一颗感恩的心，因此兄弟两人能在艰苦中互相扶持，甚至在大哥去世后，白居易对大哥的孩子也视如己出。

---

① 唐代科举取士的渠道有三种：一是学馆中的生徒在校考试合格后参加会试；二是由州县推荐乡贡参加会试；三是皇上亲自主持的制举考试。只有皇上亲自挑选的人能立即当官，其他人还要再参加吏部考试。

白居易有两个弟弟，较年长的名叫白行简，比白居易小四岁，和白居易一样有很高的文才，后来也在朝中任官，他曾写过一篇脍炙人口的传奇小说《李娃传》。

《李娃传》是写长安妓女李娃与刺史的儿子郑生的故事。郑生将赴京赶考的钱都花在李娃身上，谁知钱财散尽后，李娃的鸨母却带走了李娃。没有钱的郑生只能靠唱丧曲赚钱度日。郑父知道后，气得大骂郑生："你辱没家门，还有什么面目见我！"郑生只好沦落街头当乞丐。一晚，郑生坐在一户人家门前，想起自己的不幸，他开始放声痛哭，而李娃正好住在这屋内。李娃从哭声认出了郑生，觉得对不起郑生，于是将郑生接回家住，鼓励他认真向学。后来郑生考中状元，与父亲重新和好，李娃原本想默默离开，但因为郑父的恳求，再加上郑生的深情慰留，李娃终于留下，从此过着和乐的日子。

白行简五十一岁时因病去世，白居易哀恸万分，两年后心情稍微平复，才动笔写祭文悼念他，并帮他编纂《白郎中集》，只可惜这本书现在已经失传，我们无法得知书中的内容。

白居易还有一个小弟名叫白幼美，小名金刚奴，九岁时不幸生病夭折。白幼美死后，白居易守在他的墓前说："希望你在九泉之下能安息，以后再投胎当我的兄弟吧！"话中显露出白居易对这份短暂兄弟情的遗憾与不舍。

白居易把对兄弟的手足情深，扩展至朋友、同事，甚至对一般老百姓，他都能以真性情和同理心相待，处处为他人设想，所以获得了广大民众的信赖与爱戴。

情深义重共贫贱——白居易的母亲、妻子、儿孙

白居易的母亲陈氏是县尉陈润的女儿，十五岁时和四十一岁的白季庚结婚。陈氏嫁进白家后，侍奉公婆极尽孝顺，也费尽心思教导孩子，成为当时贤妻良母的模范。每到深夜，白家依旧灯火通明，慈母教子，街坊邻居都盛传："白家的母亲真是慈母兼严师，将来她的儿子们一定都能成大事！"

陈氏既温柔又细心地引领孩子学习做人处事的道理，这也是白家兄弟个个都能成材而有所作为的原因。

但是，陈氏一直患病在身，在白季庚死后，陈氏因为

过度劳累，身体变得更加虚弱，甚至渐渐有些精神失常。宪宗元和六年（811年），陈氏竟坠入井中，结束了她被病魔折磨的苦日子，年仅五十七岁。

陈氏死后一个月，白居易仍然悲痛不已，所以他时常走到户外去散心。一日，当他如往常般在幽静的园林里漫步时，无意间听到一阵凄切的鸟叫声，抬头一看，才发现树上有一个鸟巢，巢里有几只小乌鸦正在啾啾哀鸣，白居易心想："这几只小乌鸦为什么发出如此凄厉的叫声呢？我来看看这是怎么一回事！"

于是白居易悄悄爬上树的一端，他看见鸟巢的最底端竟然躺着一只大乌鸦，这只大乌鸦动也不动，看来早已死去，而其他小乌鸦都围在这只大乌鸦的周围不停地哀鸣。一见到这种情景，白居易就知道发生什么事了，他心想："人家说乌鸦是孝鸟，果然一点儿也没错。这只死去的大乌鸦想必是它们的母亲吧！听这些小乌鸦的叫声如此凄厉，我想应该是它们无法忘记母亲的关爱之情，所以才会哭得如此伤心吧！相传小乌鸦长大后，会反哺无法觅食的老乌鸦，而今它们的母亲已死，它们再也无法尽奉养之

力，又怎么能不哀鸣呢！它们这种孝顺的行为就像是圣人曾参①一样，值得后人敬佩！反观古代有个叫吴起②的人，连母亲死了他都不回去奔丧，真是比这些鸟兽还不如啊！"

孝顺的白居易把思念母亲的悲痛心情和当日所见的情景写成了一首诗，名为《慈乌夜啼》。《慈乌夜啼》内容是这样的："慈乌失其母，哑哑吐哀音。昼夜不飞去，经年守故林。夜夜夜半啼，闻者为沾襟。声中如告诉，未尽反哺心。百鸟岂无母，尔独哀怨深。应是母慈重，使尔悲不任！昔有吴起者，母殁丧不临。嗟哉斯徒辈，其心不如禽！慈乌复慈乌，鸟中之曾参。"这种失去母爱又无法奉养母亲的辛酸，没有情义的人又怎么能体会呢？！

白居易的妻子杨氏，是他的好友杨汝士的妹妹。白居易三十七岁与杨氏结婚，当时杨氏还是一位少女。杨氏不

---

① 曾参是春秋时代鲁国人，也是孔子的弟子，事亲至孝。传说曾参母亲有事找他时，只要一咬手指，曾参就会感到心痛，马上赶回来看母亲。后来曾参还被列入二十四孝。
② 吴起是战国时代卫国人，一心立志要当大官，却花光了家中财产，当他要离家的时候，他咬着自己的手臂发誓说："我若不当上卿相，就决不会再踏入家门一步。"连他母亲死了，他也没有回来奔丧，大家都觉得他是一个不孝子，因而看不起他。

识字，白居易有空时就会教她读书写字。有一次，白居易正在教杨氏写字，杨氏随手从书桌上拿了一张白居易的诗作，上面写着"生为同室亲，死为同穴尘"云云。她好奇地问白居易说："这张纸上写的什么呀？可不可以请夫君解释给我听呢？"

白居易带着深情的眼神，用温柔的口吻说："这首诗是说——我活着的时候要和你互相扶持，死后也要和你埋葬在一起永不分离。只要有你陪伴在我身旁，又何必要吃好穿好呢？拥有你，我就是这世界上最幸福的人，我要和你白头偕老，这就是我俩今生今世的约定！"

杨氏听了白居易的话后，娇羞得满脸通红。自此以后，她对白居易的照顾更是无微不至：当天气一变冷，她就马上为白居易添衣；当白居易独自喝酒时，她也会陪他小酌一杯，种种体贴都让白居易感怀在心。虽然唐代社会有蓄养歌妓的习惯，白居易也非常喜欢听歌妓唱歌，但白居易最喜欢的仍是妻子杨氏，即使妻子没有为他生儿子。朋友也劝白居易说："白兄，我看你常常为了没有儿子的事而烦恼叹气，你为何不纳妾呢？相信大嫂不会反对才是！”

但白居易却坚决地拒绝朋友的建议，并回答说："要我纳妾，这是不可能的事！我的妻子对我情深义重，在我穷困的时候仍旧对我不离不弃，我不能让她过好日子已经很对不起她了，又怎么能纳妾来伤她的心呢？！"白居易对妻子的真情表露无遗。

宪宗元和四年（809 年），白居易的长女金銮子出生，年近四十第一次尝到当父亲的滋味，白居易非常高兴，可惜金銮子三岁就夭折了，这使得白居易有很长的一段时间都沉浸在痛失爱女的悲苦中。宪宗元和十二年，次女罗子出生。罗子从小就聪明伶俐，有时会拿笔学母亲画眉的样子，有时还会捧着书本模仿父亲吟诗的样子，一举一动都十分有趣。白居易的眼睛一刻也离不开这个可爱的小女娃。等到罗子二十岁时，白居易将她嫁给监察御史谈弘谟，他们生了一个女儿名叫引珠，一个儿子名叫玉童，白居易把对罗子的爱也加在这两个孩子身上，尤其疼爱玉童。有一天，白居易恰巧经过玉童的房间，看见幼小的玉童正专心地在读书，白居易进入玉童的房内，亲切地问玉

童："你最喜欢看什么书呢？"

玉童天真地看着外公，然后用稚嫩的声音说："我最喜欢外公的诗！希望有一天也能成为和外公一样的大诗人！"

玉童说完话，便投入白居易的怀抱中，而白居易也开心地抚摸着玉童的头说："好！好！好！你真是一个好孩子，我的诗文以后就要交给你啰！"

白居易晚年时把自己的诗文都交给谈阁童，也就是玉童，由此可见白居易对玉童的重视。

白居易在宦海浮沉中，即使遭遇挫折，风波不断，他的家人依然让他感受到温暖，幸福美满的家庭就是支持白居易勇往直前的力量。

2. 勤学上进的好青年

始识"之""无"悟性高——幼年识字

白居易出身于书香世家，年幼时就展现了与众不同的文才。在一个秋高气爽的下午，奶妈抱着六七个月大的小白居易在家中安闲地走着，不知不觉来到了书房。奶妈一面逗弄着小白居易，一面就顺手指着屏风上的字说："二少爷，你知道这是什么吗？这就是'之'字。"

小白居易眨眨他的大眼睛，专心看着这个字，看了好长一段时间。奶妈看到小白居易专注的眼神，反而笑了起来说："二少爷看字看得如此入神，难不成你看得懂？那我就来试试看吧！二少爷，哪一个是'之'字，可不可以指给奶妈看啊？"

还未学说话的小白居易毫不犹豫地举起他的小手，不偏不倚就落在屏风上的"之"字。奶妈感到十分惊讶，但又觉得可能是巧合，"之"字或许太简单了，这次换个笔画较多的。"二少爷，你看，这个是'无'（無）字。"

小白居易同样眨眨他的大眼睛，这次奶妈还没发问，小白居易就迅速指出"无"字。

小白居易又快又正确地指出"之"字和"无"字。奶妈按捺不住心中的惊喜，大声喊叫："老爷，夫人，你们赶快来看，我们家出了个神童啊！"

白居易的父母起初不相信奶妈的话，奶妈急忙澄清说："老爷、夫人，我没有骗你们，二少爷真的是神童，不信你们看！"

于是奶妈在白居易的父母面前试了好几回，而小白居易都能正确无误地将字指出。陈氏看到这种情形，既惊喜又感动，她伸出手来摸摸小白居易红嫩的脸蛋，然后对着他轻声地说："我们家的小居易真聪明啊！妈妈希望你平平安安地长大，以后也能成为社会上有用的人！"

白居易的父母和奶妈三个人，一起围绕在小白居易的身边，开心地逗起小白居易来，大家有说有笑。

父母亲见白居易从小就这么聪明，于是在白居易五六岁时就开始教他读书、写字、作诗。九岁的白居易已经懂得作诗的声律音韵。有时遇到一些不识字的农民，白居易还会热心地帮助他们，读一些书信给他们听，大家都非常喜欢聪慧的白居易。虽然白居易幼年时常因为战乱被迫离开家乡，投靠亲戚，正白家又不富裕，无法让白居易过着丰衣足食的生活，但种种挫折和阻碍，都被白居易旺盛的求知欲和努力学习的精神所战胜，所以白居易才能不断进步，获得耀眼的成就。

埋首读书志向坚——少年苦读

到越中避难的白居易，在战事稍微平息的时候，就只身前往苏杭一带，此时他正是十五六岁的少年。当时苏州刺史是大诗人韦应物，杭州刺史则是风流潇洒的房孺复。他们常常邀集宾客宴游，所以身边聚集许多当时颇具名气的文人。有一天，白居易和朋友经过韦应物及房孺复两位大人举办宴会的场所，好奇地张望，只看到一群文雅的读书人聚在一起，正在饮酒、作诗，感觉十分闲逸。白居易看着看着，竟然不由自主地想要走进去，此时一旁的友人抓住了他："你别傻了，这里不是我们可以进去的地方，我们回去吧！"

白居易顿时回过神来，只好依依不舍地离开，但那份倾慕之情却深藏在他的心中。夜晚，回到家中的白居易悄悄许下一个愿望："总有一天，我也要像苏州韦大人和杭州房大人一样举办诗酒宴会，让志同道合的朋友都来参加！"

为了更接近梦想，白居易曾前往长安。长安不仅有繁华的景象，更有许多和白居易一样的文人才子。他们都想在这里增广见识，结交当时的名人。当时诗坛上名气颇盛的顾况也住在长安，有许多想求得功名的文人都拿自己的诗作来拜访顾况，希望得到顾况的赞美。白居易鼓起勇气，拿着自己的诗作，战战兢兢地往顾府去。白居易向顾况自我介绍说："顾大人您好！晚辈名叫白居易，今天带来一些拙作，恳请大人批评和指教，让学生知道不足处并加以改进。"

当顾况看到诗卷上写着"白居易"三个字，再抬头看看白居易，突然笑着说："你叫白居易吗？长安虽然十分繁华，但物价非常昂贵，你想在这里安稳地'居'住下来，可不是一件容'易'的事呢！"

说着说着，顾况就打开白居易的诗卷，才看了第一首诗的前四句"离离原上草，一岁一枯荣。野火烧不尽，春风吹又生"，马上露出惊讶的表情，大声赞美白居易说："好一个'野火烧不尽，春风吹又生'，写得实在太好了！太好了！能够写出这样的好诗，想要在长安居住，是十分容易的事啊！"

顾况一改刚才对白居易轻视的态度，还将他的诗作拿给在场的其他大人欣赏，大家都对白居易的文才赞赏不已，但是白居易并没有因此变得心高气傲，反而待人处事更加谦卑，学习也更加认真。他的手因为拿书和写字都被磨破皮了，还长出一层厚厚的茧；他的嘴则是因为常常诵读经书，吟咏诗句，溃烂成疮，这种用功努力的精神，实在值得我们敬佩和学习！不过白居易因为长年用功读书，忽略了要照顾身体，所以常常病痛缠身，这也困扰了他一生。所以请记得，再怎么用功读书，也要好好爱护自己的

身体喔！

一举成名天下知——三登科第

白居易二十二岁时，父亲白季庚去世，兄弟三人都回乡守丧三年①。后来白居易到宣州参加乡试，此时他二十七岁。乡试对认真的白居易而言，只是一个小小的考验，他很快就顺利通过乡试，去长安参加进士科考试。

唐代科举考试科目有很多种，其中又以"明经"和"进士"科最盛行，因为明经科较容易考中，而进士科较难考中，所以当时有"三十老明经，五十少进士"的说法，就是说三十岁才考中明经科算是很老了，而五十岁考中进士科还算是年轻的呢！可见考中进士的人必定都是顶尖优秀的读书人。进士科的考试竞争非常激烈，很多文人为了考中进士，一再重考，有的甚至从年轻一直考到满头白发都还无法考中。

经过激烈的竞争后，白居易终于脱颖而出！德宗贞元

---

① 所谓守丧三年并不是整整三年。唐代有两种说法，一种是二十七个月，一种是二十五个月。

十六年（800 年），二十八岁的白居易以第四名的成绩考中进士，是同榜考上的十七人中年龄最小的！接受皇上的赐宴后，这些新科进士一齐来到长安曲江北面的慈恩寺，在慈恩塔题上自己的名字。白居易突然心血来潮，写下了"慈恩塔下题名处，十七人中最少年"。这句诗说出了白居易的自得，也证明了白居易的努力终于有了回报！

考上进士后，白居易更加用功读书，德宗贞元十八年，白居易顺利通过吏部考试，与他同榜考中的人里有一位成了他一生的好友，那就是小他七岁的元稹。次年春天，白居易任校书郎，负责整理图书的工作。有固定的工作和收入后，白居易就把母亲从乡下接来同住，在下邽买了一间房子。下邽离长安约一百里，风景明媚秀丽，白居易有时还会自己泛舟，享受自然的生活乐趣。但这样悠闲的日子并不能满足白居易的雄心壮志，有一次，白居易和元稹相约出游，正当两人在欣赏山水美景时，突然间，一股忧愁的情绪涌上了白居易的心头，白居易说："唉，现在的日子虽然十分清闲，但却容易消磨人的斗志，我似乎还有很多理想还没达成呢！"

元稹听了白居易的话后也心有同感地说："我的想法和乐天兄一样，不如我们去参加制举考试，专心致意追求我们的理想吧！"

白居易大表赞同说："好啊！那我们就一起读书，再一起去参加考试吧！"

隔天，白居易和元稹立刻辞去校书郎的职位，一同借住在长安城外的华阳观中闭户读书。

元和元年四月，白居易和元稹同时考中制举考试，元稹考了第三等，担任左拾遗，而白居易却因文章用辞太刚直，招致主考官的不满，所以列入第四等，授盩厔①县尉，负责协助县令管理地方治安等事宜。

这十年来参加进士科、吏部考试、制举考试，白居易都顺利通过，这就是白居易求学路中最风光，也是他最引以为傲的"三登科第"。由此证明了即使家境不富裕，只要肯用心努力向学，必定也能所向无敌。

---

① 县名，在陕西省，今作厔至。

3. 雄心万丈的仕途之路

大鹏展翅欲高飞——初入仕途

有一回，白居易从盩厔到京兆府去，看到府里的泥池中竟然长着一朵美丽的莲花，它散发着高雅的气息，比其他生长在清水中的莲花有更顽强的生命力。

白居易看到莲花后，用怜悯的口气说："莲花啊！莲花啊！你的姿态如此美丽，却长在泥池中，不久后就会独自枯萎，又有谁可以知道你心中的悲哀呢？"

白居易叹了一口气，此时他心中想的是："我现在就像这朵莲花，即使有再远大的抱负，也不会有人知道，说不定我会像这朵莲花一样，在盩厔终老一生，又有谁能知道我的心事呢？"

尽管担任盩厔县尉并不是白居易的理想，但他依然尽力完成自己分内的工作，尤其关心农民的生活。有一次白居易到田里视察，正值麦收的农忙季节，一阵南风吹起，麦田起了层层波浪。此时，有许多妇女带着小孩往田里来，妇女手持热腾腾的饭菜，小孩则随身带一壶茶水，他们正要给在田里辛苦工作的男人送午饭。这些男子顶着烈日在田里割麦，全身上下都受到暑气的熏蒸，每个人都汗流浃背，皮肤也晒成古铜色。但是他们早已把炙热的痛苦抛到九霄云外，因为他们要赶快收割这些黄澄澄的麦穗。

接着，白居易又看到一个瘦弱的妇人抱着刚出生不久的婴儿站在田边，婴儿不时发出呜呜的哭声。妇人左手拿着破篮子，右手则努力将田中遗落的麦穗装入篮中。白居易被这种情景所吸引，于是向前询问："这位大娘，你怎么带着那么小的孩子在此地捡拾麦穗呢？"

妇人叹了口气，摇摇头说："唉，这都是官府不了解我们的痛苦，硬要我们负担沉重赋税的后果啊！我们家中为了要缴税，已经把家中仅剩的田都卖掉了，我只好来这里捡拾他人遗落在田中的麦穗，靠这来维持我们一家老小

的生活。我的命实在是好苦啊！为什么官府要像豺狼般吞食我们这些无辜可怜的老百姓呢？为什么我的小孩每餐都要忍受饥饿之苦呢？有谁能够告诉我呢？"妇人一面讲，一面用褴褛的衣袖拭泪。

白居易听了后，也不禁泪流满面，心中感到无限伤痛与愧疚："唉，我身为一位官员，不用辛苦耕田就有俸禄可拿，每年还会有剩下的米粮。如今看到这些为了生活而辛苦工作的农民，常常为了要缴税，连饭都没得吃，我又怎么能不感到愧疚呢？从今以后，我一定要更加努力地为这些百姓争取他们应该享有的福利，减轻他们的忧劳，这样才不会愧对这些辛苦工作的农民！"

白居易把这件事写成了有名的诗歌《观刈麦》①，也警示自己从今以后要更努力为百姓谋福利。不久后，白居易就因为政绩良好，被升为左拾遗，也就是他长久以来梦想要担任的谏官职位。

① 《观刈麦》的"刈"字，就是割的意思；"刈麦"就是指割麦。

尽忠职守除罪恶——任左拾遗

左拾遗专门负责对违法失职的官员提出控诉，并提供意见给皇上。因为这是白居易最想担任的官职，所以他竭尽心力，发挥所能，即使招惹许多人对他不满，他还是毫无畏惧。

有一次皇上策试举人，以牛僧孺为首的一群考生在试卷上写出许多朝廷亟待改善的弊端，而且文情并茂，措辞剀切，因此被主考官取为上等，皇上也非常欣赏这些作品，并授予这些新进举人不错的官职，还打算日后要重用他们。然而当时的宰相李吉甫，却对这些新进举人很不满，所以故意装着一副忧心忡忡的样子向皇上说："皇上，恕微臣斗胆禀报，这次考试其实是一桩阴谋啊！"

皇上一听到"阴谋"两个字，大为震惊地说："是谁？是谁有这个胆量在朕的背后设计阴谋？"

李吉甫走到皇上面前说："皇上，您有所不知啊！被录取为上等的举人和朝廷大官都有亲戚关系，这全是靠关系录取的啊！请皇上一定要明察！"

皇上听到这番话后，火冒三丈地说："把这些人都给我贬官！"

白居易见到这种情景，马上对皇上说："皇上，事实并不是如李宰相说的那样。这些人会指出您的不对之处，完全是出于一片忠诚和爱国之心，请皇上一定要体谅他们啊！微臣觉得皇上不只要重视他们的意见，还要将他们升官才对，不然以后还有谁敢对您说真话呢？请皇上务必要三思！"

可惜皇上并没有接纳白居易的谏言，还是将相关人等都贬官了。这次白居易的进谏行动也让朝廷里的人，尤其是李吉甫这一派的人，都对白居易这个不畏强权的人恨得牙痒痒的！

宪宗元和四年（809 年），节度使裴均明知道皇上因为百姓生活贫苦，社会动荡不安，降旨禁止进奉，但他仗恃自己有强势的宦官当靠山，还是故意进奉银器一千五百多两。裴均向皇上说："皇上，这是微臣的一点心意，希望皇上收下！"

皇上也没有考虑太多，就将全部的银器都收下。白居易知道后，立即上奏："皇上，您曾诏告天下不可以再进奉物品，而裴均竟然敢藐视圣旨，故意试探皇上是否会依法行事。您如果收下这些银器，就无法取信天下，管理四方臣民，以后再也不会有人相信您的话。请皇上千万不能收下这些银器啊！"

裴均气得吹胡子瞪眼，却无法对付白居易。往后的日子里，白居易的谏言更加犀利，炮火也更加猛烈。只是他虽然揭发了许多弊端，造福了社会，却为自己树立了许多敌人，连皇上也开始对白居易感到不满了。

白居易担任盩厔县尉时，曾亲眼看见贫苦的百姓为了缴税，连三餐都没有着落，如今他有能力将这些事情禀告皇上，他当然会不遗余力地做。最近几年稻米丰收，谷物贱价。为了不让农民的辛苦白费，朝廷便下令各地官府出钱收购贱谷。一日，白居易在街上看到一群官差拖着一位衣衫破烂不堪的老农民，老农民还一直哭喊着："冤枉啊！冤枉啊！"

白居易好奇地上前探问："请问，你们为什么要抓这位老农民呢？"

老农民等不及官差回答，就先放声大哭说："这位老爷啊！请您为我评评理，不是我不让官府收购我的谷物，实在是因为官府收购谷物就像是收税，设定期限并严加催讨，不仅收购的价钱十分低，有时还不给钱，只给我们几匹贱价的布，然而我们拿到这些布，还要再转卖给别人才能得到钱，这样一来又要被商人剥削，损失更严重，所以我们宁愿让谷物腐坏也不愿意拿来卖给官府，这完全都是不得已的啊！"

白居易听到后，很为农民的处境感到可怜，他对老农民说："这位老伯，就让我用比官府高一倍的价钱收购你的谷物，然后再把谷物缴回给官府。可以吗？"

接着，白居易又转身向官差说："既然这位老伯已经答应把谷物给官府了，那你就放了他吧！"

官差遵从白居易的话，放了老农民。老农民十分感激白居易，不停地向白居易鞠躬道谢，并且说："如果朝廷的官员都像老爷您一样，那么贫穷人家就不会再被欺负了！"此日的情景深深烙印在白居易的心中。

白居易立刻将这种情形禀报朝廷，然而这件事还没有传到皇上那里，就已经招致其他官员的不满，所以半途就被阻止了。其实只要能让皇上了解政策的优缺点，即使要白居易说上一百遍、一千遍，白居易都愿意做，他最担心的是皇上根本不听，就一口拒绝，而他最不愿意见到的事，却常常发生。

等到白居易的左拾遗任期一满，皇上对他说："朕知道你的能力很好，所以这次就任你自己选择想要担任的官职吧！"

白居易心知肚明，皇上是有意不要他再担任左拾遗的职位，所以白居易就顺着皇上的心意说："微臣母亲年事已高，又多病痛，微臣因为忙于政事，没有时间照顾母亲，也没有机会向母亲进奉汤药，实在不孝。因此，微臣斗胆请求皇上给微臣一个俸禄较多的职位，微臣一定会衷心感激皇上的！"

这个提议正合皇上心意，所以皇上一口就答应了。此时白居易三十九岁，比起初入仕途时的热情积极和雄心万丈，现在的他更能以宽广的心胸去面对世事，因为他已经体悟到朝廷中的明争暗斗到头来不是两败俱伤，就是幻梦一场，又何必太在意呢！

同是天涯沦落人——被贬任江州司马

宪宗元和六年（811年），白居易的母亲去世了，白居易在家中守丧三年。守丧后刚回到长安的他，却遇到了轰动一时的武元衡被杀事件。这件事原本是因为朝廷的党派斗争而引起的，和白居易一点关系也没有，然而无辜的白居易却因此被贬官，这到底是怎么一回事呢？

元和十年，在两河地区镇守边疆的节度使联合起来发动叛变，宰相武元衡极力主张派兵讨伐这群叛军，想不到却被叛军以及反战派的人暗杀身亡。六月三日，天还未亮，武元衡正要入朝见皇上，当他走出城门时，突然有贼人跑出来用箭暗算他，还割下他的头。

宰相武元衡被歹徒杀害后，朝廷上下人心惶惶，却没有人敢站出来处理这件事，只有白居易挺身而出说："皇上，叛军连宰相都敢杀了，您一定要赶紧派人调查这件事，捉出幕后主使者，这样才能安定朝廷和人民的心！"

正当皇上还在深思白居易的提议时，却有一位大臣在一旁悄悄对皇上说："皇上，白居易官职卑微，却干涉朝廷的重大事件，根本没把您放在眼里！而且他还是个不孝子，他的母亲因为看花落井而死，他竟然还有闲情逸致写下《新井》和《看花》两首诗，完全没把母亲的死放在心上，实在是太不孝了！皇上，您一定要处罚他才行！"

原本神情平静的皇上，听了大臣的话后，脸色大变，于是下旨说："白居易，叛军作乱这件事你就不用管了，既然你那么害怕叛军，那么你就到江州当司马好了！"

就这样，白居易连解释的机会都没有就被贬官了！他摇头感叹说："有人认为我洁身自爱不收取贿赂，所以十分憎恨我；有的人认为我性情孤僻不好相处，所以对我也有忌恨；又有人认为我是个怪异的人，所以故意诬陷我。我到底要怎么做才行呢？"白居易得不到其他人的援助，只能无奈地独自伤怀。

白居易因为太正直而屡遭他人陷害，虽然他将身外的名利富贵当作过眼云烟，然而这次贬官对他来说还是一个很大的打击，因为他知道自此以后，想要再实现伟大的抱负，已经是不可能的事了。当他离开长安时，有很多友人来送他，让白居易感到人间还有温暖。一位曾和白居易共事过的官员来送白居易，他强忍住眼泪，哽咽地对白居易说："白大人，我知道您是一个正直的好人，相信不久后皇上一定能体会您的真心，将您调回朝廷！"

白居易心怀感激地说："谢谢您愿意相信我！请您不要悲伤，反正我本来就出身贫贱，也没有什么过人之处。现在我还领有一份微薄的俸禄可以让家人温饱，我就应该高兴了，还有什么好抱怨的呢？就请您也饮酒为我送别吧！"

白居易潇洒地向大家道别后，便黯然前往江州了。

在江州，白居易借着游山玩水来忘掉被贬谪的郁闷，元和十二年（817年），他就在庐山①的香炉峰修建了一间草堂，那里的景致清新秀丽，冬暖夏凉，非常适合居住。白居易开始计划，等他把族中弟妹婚嫁的事情都办好，等

---

① 庐山，又名"匡庐""匡山"，相传周代有个叫匡俗的人在此山搭建草庐，在里面读书。

到司马的任职期满，他就要和妻子在此终老一生，过着每天弹琴、饮酒、作诗的风雅生活。这就是白居易在江州司马任内安于独善与闲适的表现。白居易在此度过了三年失意却又自得的岁月。

4. 悠闲淡泊的为官时期

意气终高志不减——任忠州刺史

宪宗元和十三年（818年）十二月，白居易量移^①忠州刺史，是州中最高的行政长官。忠州在京城南方，离京城有一段距离，但比江州更靠近长安。在往忠州的途中，白居易巧遇好友元稹，两人五年不见，今日竟然相见，白居易忍不住内心的激动与喜悦，他向元稹说："微之，因为皇上任我为忠州刺史，所以我现在正要往忠州去。真是感谢皇上厚爱，让我可以离开偏僻的江州。我觉得回乡的路程似乎越来越近了。我想老天待我不薄，我应该还有福分可以回到日夜思念的长安城，再为皇上效命吧！"

① 唐朝时，官员被贬谪远方后，遇恩赦迁距京城较近的地区，这就是所谓的"量移"。

元稹看到白居易欣喜的表情，便对他说："乐天兄，恭喜你了！我现在也要赶往虢州，因为皇上已将我升为虢州长史，我们的命运还真相似呢！"

白居易听了元稹的话后说："幸运之神同时降临在我们两人的身上，我们要好好庆祝这个难得的好机会才是！"元稹赞同地说："好！那我们就聊个尽兴吧！"

于是，两人同住三天，倾诉多年的思念之情，最后带着彼此满满的祝福，依依不舍地踏上各自的旅途。

白居易到了忠州后，却发现忠州的环境非常恶劣，只好将满腹的苦水写信告诉元稹："亲爱的微之，你过得好吗？这里的田地十分干硬，米吃起来也涩涩的，更别说想吃到美味佳肴了！一想到这里，我就不知道接下来的日子要怎么过，我真害怕自己的一生都要浪费在这里了！"

元稹收到信后，马上回信鼓励白居易说："亲爱的乐天兄，得知你过得不好，我也为你感到难过。但是你千万别泄气，我相信以你的才能和对人民的关爱，在忠州也一定会有很好的表现！"

听到好友的安慰，白居易才感到安心多了，他决定要好好地在忠州展开他的新生活！虽然此地不适宜人生活，却有许多种珍异，例如荔枝，就是此地的名产之一。有一次，白居易正巧经过一座荔枝园，种荔枝的老农夫一见到白居易，马上恭敬地向他问好。然后就用黝黑的双手，从荔枝树上摘下一串果实，自豪地说："白大人，请您尝尝我们种的荔枝吧！我们家的荔枝，在春天会开出美丽的花朵，盛夏果实累累，非常好吃，请大人一定要尝尝！"

白居易挡不住老农夫的热情，于是尝了一口荔枝。果肉才一入口，他就大声赞赏说："这荔枝的果实柔软得像葡萄，果核则如枇杷一样，果肉鲜美多汁，甜中又带点酸味，实在是人间美味！这么好的珍果，一定要将它的美味和大家分享才可以！"

随后白居易又把身旁的两个仆人叫来："你们现在马上去请一位画师来为这些荔枝画图像，我要让所有的人都知道忠州的荔枝有多么鲜美可口！"

于是仆人立即启程去找画师。至于白居易也没闲着，他随即拿起纸笔来，当场就写了《荔枝图序》。后来这幅图和诗文都流传到民间。忠州荔枝因此名声大噪！

由于白居易有颗豁达的心，因此，即使身处忠州这样穷陋的地方，白居易仍能从生活中得到不同的喜悦。他依旧尽忠职守，努力将忠州治理得有条不紊，设法让百姓过更好的生活。

吟诗醉酒快活仙——任杭、苏刺史

　　老天似乎听见了白居易的叹息，担任忠州刺史一年多，白居易就被召回朝廷。贬官五年，终于可以再回到朝廷，白居易喜不自胜。但好日子并没有持续多久，穆宗长庆二年（822 年），战乱再起，皇上却对国家大事漠不关心，朝廷混乱不已，官员个个都只求自保，对国事无能为力。白居易对皇上和朝廷感到灰心，于是请求皇上将他外调到杭州当刺史。

　　到了杭州，映入眼帘的是一片繁花似锦的美景，让人好似置身图画中。白居易兴奋地游赏西湖和钱塘江，吟诗、喝酒、泛舟、欣赏歌舞。从山寺中的亭子远眺，可见清澄如镜的湖水，远山上还有洁白的云朵。树上的黄莺引吭高歌，欢唱春天的到来；屋檐下的燕子则忙着衔泥筑巢；五颜六色的花朵让人看得眼花缭乱；刚发芽的青嫩绿草也掩没了徐行而过的马蹄。白居易像个贪玩的孩子一样说："这种人间罕有的美景，不管游览多少次，我都觉得不够！"

美中不足的是，杭州在夏秋之际常干旱不雨，每当收成的时节来临，农民们不但没有喜悦的表情，反而个个愁容满面。白居易看到这种情形，心中着实感到万分苦恼："怎么办呢？我又没有呼风唤雨的本事，要怎么样才能让老天爷下雨呢？"

正当白居易在苦心思索时，他看到隔壁有位老妇人虔诚地拿着香祭拜上天，祈求上天保佑他们全家。白居易忽然想到："那么我也来写祭文给上天，祈求天降甘霖吧！"

隔天早上，白居易便召集农民，举办祈雨法会，并念出祈雨的祭文。农民们看见白居易虔诚祈雨的样子，也被白居易感动，纷纷跪下来和白居易一起祈雨。

为了彻底解决干旱的问题，白居易立即派人进行修筑湖堤的工作，让湖水的蓄水量增加，改善旱灾的情形。现今西湖就有一座名为"白堤"的堤防，白居易治理水患的

贡献，也永远被杭州人民铭记心中。

当白居易任期已满要离开杭州时，杭州的男女老少都赶来为他送行，有许多人还用水壶装满酒，摆宴欢送白居易离开杭州。一位满头白发，脸上布满皱纹的老婆婆步履蹒跚地走来，她紧握着白居易的双手，颤抖地说："白大人……您可不可以不要走……您为我们做了那么多事，我们都希望您继续留在这里。"

白居易紧握着老婆婆的手说："老婆婆，谢谢您！我是一定要走的。所有的事都是我应该做的，你们不用感激我，更何况，我也只是确保大家用水无虞而已，没有什么了不起的！"白居易不改谦逊的本色，这也让杭州人民更不舍他的离去。

穆宗长庆四年（824年），白居易离开杭州前往洛阳，准备要在洛阳久居。次年三月，朝廷又授予他苏州刺史的职位。白居易在苏州过得很惬意，但他也不忘尽心治理地方事务。

白居易十五六岁时曾经许下一个心愿，就是要像韦应物和房孺复两位大人一样治理苏杭二州，并请志同道合的好友一起来喝酒吟诗。而今白居易先后当了杭州和苏州刺史，昔日许下的愿望得以实现，白居易自己也感到万分欣慰。他抬头看着窗外，花香鸟语，小桥流水，他不禁沉醉在苏州这一片明媚的春光中。此时白居易的妻子杨氏也陪伴在他身旁，他转过头来对杨氏说："我好想就这样和你在这个美丽的小园地里快乐地过一生！每天吟诗喝酒，不用担心年老，也不害怕贫穷，更不必在意功名利禄，这样我俩算不算是神仙眷侣呢？"

杨氏先是微笑，然后就依偎在白居易的身旁坐了下来，她说："我不求当神仙，只希望能永远陪在你的身边！"

正当白居易还在享受美好的春天时，恼人的病痛却缠上了白居易，让他苦不堪言，最后，他只好因病向朝廷请求辞官。要离开苏州时，官吏和百姓都来为他送行，放眼望去，一路上都有白发老人列队送行，送行队伍绵延数十里，大家都难过得说不出话来。不管身在何处，白居易都能尽忠职守，怀着民胞物与之心，因而能获得百姓的爱戴，所以每当他要离开的时候，总是可以看到一群依依不舍的百姓，这完全是因为白居易是用真心来对待他身边的每一个人，所以他的功绩会永远留在人民的心中。

突破尘网得自由——年高致仕

文宗大和三年（829年），朝廷再次将白居易召回长安，然而历经挫折和贬官的白居易，对政治已经没有早年的旺盛热情，所以他请求皇上让他分司①东都。

白居易这次到洛阳后，就再也没有离开洛阳一步了。这段时间他有饭就吃，有衣就穿，不再过问一些是非事，生活十分悠闲。有一天，一位朋友来白家拜访，他看到白居易一家人都穿着朴素，三餐粗茶淡饭，很为他们担忧，于是说："我说乐天兄啊！你们一家人就只吃这些蔬果而已，这样能饱吗？"

但白居易笑着回答他："谢谢你的关心，现在的我虽然没有锦衣玉食，但生活却非常快意，好像只要喝水就能饱呢！"

———————

① 唐朝在东都洛阳设置和长安一样的中央官府，在这里当官的人就称作"分司"，大多是闲散的职位。

朋友见白居易讲话时的喜悦自得，相信了白居易的确过得很快乐。

文宗大和三年，儿子阿崔出世，五十七岁高龄的白居易非常高兴，他紧握妻子的双手，连说："夫人，真是太感谢你了！"

老来得子让白居易欣喜万分，不过一半是喜，一半是忧："真高兴，我的文章终于有可以托付的人了！只是我年纪已大，不知道是否可以看到他娶妻生子的样子？"

白居易享受得子的喜悦还不到三年，死神却突然降临白家——阿崔夭折了！白居易伤心欲绝，他一手抚摸着阿崔冰冷的小脸庞，一手用力捶着自己的心，老泪纵横地哭喊着："崔儿啊！我心爱的崔儿啊！老天在我垂垂老矣、几乎要失去得子希望的时候将你赐给了我，却又在我满怀欣喜的时候把你从我身边夺走，这是为什么呢？老天啊！你怎么忍心让我的希望再次落空，又变回从前那个没有儿子的老头！"

闻讯赶来的朋友都安慰白居易说："乐天兄，您就别再伤心了！夫人还年轻，一定可以再为您添男丁的！"

虽然朋友个个都这样安慰白居易，但他却心知肚明，自己不可能再有得子的机会了，于是只能哀伤地说："一棵枯树还会有长新枝的机会吗？这是不可能的了！"白居易后来都没有再得子，尽管这让他有些许遗憾，但他也不因此而强求。

文宗大和九年（835年），白居易仍分司东都。后来发生"甘露之变"①，朝廷血流成河，长安城也大乱。事发当天，白居易正独游香山寺，幸运逃过此劫。这让白居易体认到人间祸福本是难以预料，唯有故守本分，安于处境，才能悠然自得。

白居易晚年爱好佛法，并且和洛阳香山寺的如满和尚结为好友。白居易常和如满和尚在一起，有时是为了修习佛法，有时是一起下棋吟诗，但更多时候，如满和尚则是白居易的师父。白居易在生活处世上若有不懂的事，都是先向如满和尚请教。有一回，白居易又满怀忧心地问如满

---

① 十一月二十日，皇上为了把宦官一网打尽，在宫中埋伏士兵，故意派人说宫中石榴树降下甘露，要大家去看。宦官们赶来看时发现了士兵，就先下手为强，挟持了皇上，杀了许多官员。从此以后，宦官的势力更加强大。

和尚："如满师父，有一个问题一直困扰着我，让我寝食难安，不知如何是好！"

如满微笑着问白居易说："白施主有什么烦恼，可否说给我这个老和尚听呢？"

白居易好像找到救星一样，马上对如满师父说："我一直希望能做对百姓有益的事，然而朝廷斗争激烈，我的谏言也不被接受，还有人处心积虑要陷害我，再加上我的身体一日不如一日了，这些都让我感到力不从心！然而如果要我这样离开朝廷，我又对百姓放不下心，老师父您说我该怎么做呢？"

如满用心听完白居易的话，然后指着树枝上正在鸣叫的小鸟说："白施主，你觉得这只小鸟是喜欢过着有风吹雨淋却能在树上快乐歌唱的日子，还是喜欢被养在大户人家，每天有精致的食物吃，却时常要被人用手逗弄的日子呢？祸福茫茫不可测，能舍才能得。白施主，你大半辈子都在为百姓服务，现在你也应该知道如何选择你未来的人生了吧？"

虽然如满师父并没有直接告诉白居易要如何做，但是

白居易已经知道答案了！白居易因为欣赏如满和尚的智慧，所以早就嘱咐家人说："等我死后，就请你们将我安葬于香山寺如满师父的墓塔旁边吧！"

白居易在七十岁时辞官了，皇上也让他以刑部尚书致仕①。自此以后，白居易便过着悠闲的生活，他还变卖家产，把一半的钱拿来当衣食费，一半的钱拿来付酒费，对于钱财这种身外之物，白居易早就不在意了，甚至连生死这种大事，在白居易的眼中也微不足道！后来，白居易干脆施散家中所有的钱财，和香山寺的僧人共同开垦龙门附近的激流险滩，让人民行舟能够更加安全便利，可见白居易即使已经退休了，心中还是事事为人民着想。

---

① "致仕"是指官员年老或生病时，告老还乡，休养晚年。古代官员通常在七十岁时致仕，唐代时官位较高的大臣退休后还能得到一半的俸禄，白居易就是如此。

5. 相知相惜的好朋友

四海齐名号元白——元稹与白居易

元稹，字微之，河南人，八岁丧父，家境贫苦，母亲教他读书写字，九岁便已能写作文章，十五岁考中明经科，曾写过一篇有名的传奇故事《莺莺传》①。元稹和白居易一样，自小即十分聪慧，两人家境都不富裕，全是靠自己苦读修习才有所成就，所以两人即使相差七岁也很有话聊。因为同榜登科，加上一起准备考试，使他们的友谊更

---

① 《莺莺传》写张生和崔莺莺的故事。张生救了崔氏母女，崔母为了报答张生的恩情，原本答应要让自己的女儿莺莺嫁给张生，但事后又反悔，只让莺莺拜张生为兄。幸好通过莺莺婢女红娘的牵线，张生和莺莺两人有了单独相处的机会，情感也一天天加深。后来张生为了考试不得已要离开莺莺，等张生回来时，却发现莺莺已经是别人的妻子了，所以张生只好另娶他人。虽然后来张生回去找莺莺，但莺莺不与他相见，只叫他好好对待现在的妻子，所以两人终究没有在一起。

加深厚。元稹的个性和白居易如出一辙，见到不公正的事一定会挺身而出，所以他也像白居易一样，常常无端遭到许多官员的厌恶和陷害。

即使相隔遥远，元稹和白居易两人仍旧常用诗文互相鼓励，切磋彼此的诗艺，带动了后来的"新乐府运动"①，两人因此成为当时诗坛上的名家，并称"元白"。白居易把元稹写给他的诗抄写在座位右方的屏风上，看了又看，读了又读，好像元稹真的在身旁；而元稹也将白居易写给他的诗写在寺庙的墙壁上，即使是游玩，也不忘思念白居易。两人情谊深厚，不曾因诗歌创作的名气而互相忌妒，后来元稹还将白居易的诗文编成《白氏长庆集》。

白居易被贬为江州司马期间，由于不习惯江州湿热的气候，再加上俸禄不多，所以常常生病，生活也陷入贫困

① 乐府是指汉代采集民间诗歌的政府机构，所以民间诗歌也称作乐府诗。新乐府就是文人模仿乐府诗体，改用新题目来创作的乐府诗。杜甫是第一个用新题目来创作乐府诗的人，并用乐府诗歌反映出人民的现实生活，所以杜甫是新乐府运动的开创者。后来元稹和白居易也倡导新乐府诗，并将新乐府诗的创作发扬光大，成为当时诗人争相学习的对象，这就是文学史上的新乐府运动，其中又以白居易的成就和贡献最大，后来的诗人都是向白居易看齐的。

中。元稹经常为此写信来问候："乐天兄，江州地方多湿热的瘴气，而且你的身体向来又不好，我实在是十分担心你。这几天你都没写信给我，不知是否一切安好？记得要多吃些饭菜，不要胡思乱想，相信你一定很快就能被调回长安。希望你赶快回信给我，让我知道你的近况。"

元稹心思细腻，善解人意，不仅常写信问候白居易，而且还不时寄来一些钱和衣服。他了解白居易绝对不会向他提起生活拮据的事，所以他都事先为白居易想到了，希望白居易能过得安好。

白居易每次收到元稹的信都不禁热泪盈眶，也会立刻回信给元稹："我被贬到这么远的地方，亲戚朋友都没有捎信来问候，唯独微之你对我的关爱从未减少。我收下你寄来的衣物和钱财，是因为感念你对我的真心，让我的心里温暖无比！我想这就是所谓的患难见真情吧！有你这个好朋友，我这一辈子也不算孤单了！真是谢谢你！"

后来元稹与大臣裴度交恶，但白居易却对裴度非常敬仰。一旁的人见状，都问白居易说："乐天兄，元稹和裴度两人，一个是你的挚友，一个是你敬重的人，当他们两人有争执时，你要怎么选择呢？"

白居易毫不犹豫地回答说："当然是帮助合理的那方，这还用问吗？"

朋友听到白居易的回答，也不由得用敬佩的语气称赞白居易说："乐天兄真是一个公私分明的好官员！"

白居易不因为和元稹是好友而减轻对裴度的敬仰，也不因为敬仰裴度而破坏自己和元稹的交情，这显示出白居易为人处世的平正公允。

元稹于文宗大和五年（831年）卒于武昌任所，得年五十三岁，白居易有《哭微之》诗二首，《祭微之文》一篇，并为元稹作墓志铭 ①。元家给白居易一笔丰厚的谢文礼金，白居易想到和元家的交情如此深厚，而且元稹在他危难时也常援助他，所以认为自己不应该收钱，于是他将钱全数退回。但元家执意要送，白居易不得已，只好将钱布施给香山寺，既可协助寺庙赒济贫困的百姓，也是为元

---

① 古人为了防止坟墓因历时久远而无法辨识，所以会在墓中刻上可作为后人考察用的文字。种类分为墓志与墓铭，前者是记死者的姓名、生平，后者是写下对死者的颂赞及悼念，两者合称为墓志铭。

積祈求冥福，更重要的是，白居易祈求上天让他和元稹生生世世都能当好朋友！

同贫同病二狂翁——刘禹锡和白居易

刘禹锡，字梦得，彭城人，和白居易同年出生，二十二岁考中进士，后来由于两人一同在长安任官，也因此有机会相识。只是刘禹锡因为受到永贞革新①的牵连，被贬到外地，即使回到京城，也多次错失和白居易相见的机会，所以他们的友谊一直到相识的二十年后才开始有进一步的发展。白居易早年的挚友是元稹，到晚年时由于元稹早死，白居易和刘禹锡都分司东都，两人的情谊就愈来愈深，成为无话不说的好友。

白居易和刘禹锡不仅个性契合，在诗歌创作上更是亦师亦友的关系。一日，白居易在家中的凉亭里宴请刘禹

---

① 唐顺宗在永贞元年（805年）发动了一场革新运动，想要减弱宦官和藩镇的权力，促进国家社会的统一和安定。但是因为朝廷官员都只顾自己的利益，根本不支持革新运动，所以革新运动才进行短短几个月就被推翻了。最后不仅唐顺宗被迫禅位，参与这次革新运动的文人有的被赐死，有的被贬官，而刘禹锡就是其中之一。

锡，他们一面喝酒，一面吟诗，正当两人都有点醉意的时候，白居易突然感叹说："唉！微之已经离我而去了，我写诗的伙伴就只剩下梦得你了！虽然我们对相同问题常有不同的看法，也喜欢在诗艺上比高下，但正因为如此，我得到许多作诗的灵感，也更加敬佩你的文才！"

刘禹锡听到这番话，瞬间全无醉意，他认真地回答说："我也是啊！每次读你寄给我的诗，我就愈读愈有滋味。你的诗仿佛鬼斧神工，自然天成，所以我应该要好好向你学习。相信我俩互相切磋学习，一定会让彼此的诗艺更上一层楼！"

白居易接着开玩笑说："当然啰！谁叫我和你是洛阳城里的'刘白二狂翁'呢！"

因为彼此都热衷于诗文的创作，也忘了现实生活中贫病交加的窘境，所以白居易才笑称自己和刘禹锡是洛阳城中的"刘白二狂翁"。这道出了他们对诗歌创作的喜爱，和在现实生活中的无拘无束。后来白居易将自己和刘禹锡互相唱和的诗编为《刘白唱和集》，有诗一百三十八首，展现了白居易和刘禹锡两人的旺盛创作欲。

武宗会昌二年（842 年）七月，刘禹锡去世，享年七十一岁，白居易再次遭受挚友死亡的打击。夜里，白居易常因思念刘禹锡而辗转难眠。有一晚，他好不容易睡着了，蒙眬中，他看到了一座凉亭，凉亭中有一个熟悉的身影，白居易上前一看，吃惊地大叫说："这不是梦得吗？"

白居易一见到刘禹锡，马上高兴得飞快走过去，没想到他一靠近凉亭，刘禹锡却早已失去踪影。突然之间，白居易才惊讶地想起："唉，梦得已经离我而去了，我怎么忘了呢？！"

一想到这，凉亭和熟悉的身影瞬间消失不见，只剩下从睡梦中惊醒的白居易。他嚎啕大哭："梦得呀，你我就像是认识了百年的好友，你怎么忍心先弃我而去呢！想起我们俩在洛阳同受贫病，也同享悠闲的日子，这种景象再也见不到了吧？"

刘禹锡的死让白居易想起元稹，于是他勉强收起悲伤，自我安慰说："我想梦得你现在大概是和微之一同在地下喝酒吟诗，十分快活吧！我也应该为你们高兴才对。而我呢，会在这个混乱的尘世中好好过活，你们就不用担心我了。"

　　好友一个个接连去世，白居易一方面要承受丧友之痛，一方面则要担心自己濒临老死。双重的烦恼与哀愁加之于身，白居易也只能独自承受。

6. 创造生活的乐趣

爱琴爱酒爱诗客——饮酒、出游、弹琴

白居易非常喜欢喝酒，所以他晚年自称"醉吟先生"。闲暇无事时，白居易常在家闭门不出，早上喝酒，晚上也喝酒，而且通常还没喝完一壶酒，白居易就已经有三分醉意了，但他还是决定要一辈子与酒为伍。他还写过赞美酒的文章："酒啊！你是麦中的菁英，你是米中的精华，只要清酌一杯，那又香又醇的味道就能令人陶醉，即使身处霜天雪夜也会立即变温暖，你还可以让人转忧愁为喜乐。真不知道为什么有些人就是不懂得你的好，这些人真是不了解什么是享受啊！"

白居易爱喝酒的个性也和他崇拜陶渊明有关，他喜欢陶渊明爱酒不爱名的个性，更欣赏他忧醒不忧贫的自在生

活。有一次，白居易去参观陶渊明的故居，他仔细端详了陶宅的每一个角落，想着陶渊明不慕荣利、开怀饮酒的风采。看着看着，白居易仿佛觉得到陶宅中的每一件事物都在邀他一同饮酒。于是，白居易打趣地说："陶先生高风亮节，虽然他去世已久，但他家中的每一件事物，还有他的每一句诗文，似乎都像是在对我说：'来吧！来吧！快乐地喝酒吧！不要再奢求其他的身外之物了！'可见我决定与酒为伍，说起来还真是遵守陶先生的遗教呢！"

白居易也很喜欢以酒会友。有一个下雪的夜晚，白居易想起了好久不见的好友刘十九，他先准备了一个烧得通红的火炉，然后在火炉上放了一壶新酿的酒，慢慢地热酒，不一会儿，整个屋里早已酒香四溢。白居易马上叫人拿来纸笔，随手题了一首诗。诗写成后，白居易就派僮仆把信送到刘十九的家中。不久，僮仆回来了，而且还把白居易朝思暮想的好友刘十九也一同带回家了！白居易高兴地对刘十九说："刘兄，看来我的计策成功了，你终于来了！"

刘十九则是一脸不好意思地说："没办法，谁叫白兄你那么了解我，知道我抵挡不住美酒的诱惑。尤其是在这样一个寒冷的冬天，暖烘烘的一壶酒，是多么令人想品尝一下啊！我当然会快马加鞭地赶来和你小酌一杯！"

就这样，两人围着那一壶温热的酒，开怀畅饮起来，早已忘了屋外的漫天大雪。

除了饮酒，欣赏大自然的美景，也可以让人忘了许多不如意的事，所以出游也是白居易生活中的一项要事。白居易出游时，最喜欢骑着他的小白马。或许在平常人眼中马只是代步工具，但白居易却不这样认为。白居易常骑着他的小白马到处游玩，一路上他总是坐在马上一面吟诗，一面对小白马说话："小马啊，你看这风景多么美丽，多亏有你，我才能欣赏到这山明水秀的美景，下次你还要载我到其他地方，我们再去欣赏更多壮丽的风光！"

小白马似乎听得懂白居易的话，它急速摇动尾巴，然后得意地把下巴高高抬起，叫了两声，好似对白居易说："主人，我一定会再陪你到各地去欣赏美景的！"

这匹小白马陪伴白居易走过许多名山胜景，度过一段美好的时光。谁料在一次旅游的途中，小马竟然暴毙了，白居易见到小马死了，难过得失声痛哭："小马！你快站起来呀！你不要抛下我，我还要带你去看美景，你怎么可以半路退出呢？没有了你，我怎么还有心情游玩呢？"

后来白居易把小白马安葬了，看见黄土落在马身上，白居易忍不住又哭了！他不仅没有继续既定的行程，而且回到家后，还写了一首诗来抒发自己对小白马的情感。经过一段时间后，白居易才又买了一匹新的马，继续他骑马吟诗的旅程，直到他六十八岁时，感觉自己身体大不如前，常因为风湿症而导致肌肉及关节剧烈疼痛，无法再骑马出游了，他才把心爱的马放归。

此外，白居易也是弹琴高手，他说自己是"爱琴爱酒爱诗客"，还说："七弦琴是我的好朋友，我的双耳则是我永不缺席的知音。我只要自己一个人弹琴就可以了，又何必一定要有听众呢？"

白居易不论身在何处，都有一琴相伴左右。他喜欢一个人在明月高挂的夜晚独奏，一切都是如此寂静，没有白日的喧哗吵闹，最能让人心平气和地弹琴。白居易认为虽然琴声乍听之下并不响亮，但只要弹琴的人性情恬淡，弹出的琴声自然会清新悦耳，所以他才说"琴格高低心自知"，或许只有弹琴的人最了解自己当下的心情吧！

世间凡事尽悠悠——放归歌妓

　　唐代的蓄妓风气很盛，歌妓们多才多艺，能诗文也善舞乐。生活在大唐帝国的白居易，也有和歌妓一同宴游欢乐的时候。白居易非常喜欢观赏舞蹈，尤其最喜欢看歌妓们表演《霓裳羽衣曲》①。白居易有两位歌妓，一位叫小蛮，一位叫樊素，她们两人在当时都闻名洛阳。小蛮长得十分艳丽，白居易常会作一些词曲让她搭配跳舞，她的腰好像柔软的柳枝，所以每当她在跳舞时，只要轻轻扭动纤细的腰，就像春风吹过大地，在场的人不论男女老少都会着迷得浑然忘我，这在当时的洛阳城里无人能比！至于樊素，她有一张樱桃小口，拿手绝活是唱歌，由于她的歌声凄切，再加上她唱歌时深情凝望的眼神，所以每当她一开口唱歌，凡是听到的人都会为她感到意乱情迷。

－－－－－－－－－－

① 《霓裳羽衣曲》是唐代风行的宫廷乐舞，据说是从外国传入，唐玄宗还为这首曲子制作了歌词。白居易在杭、苏刺史任内，曾经教官府的歌妓表演过《霓裳羽衣曲》，还将歌舞中的服饰和乐曲组织记录下来，成为历史上珍贵的文献记录。

有一次，白居易在外地忽然有事要用马，却又临时找不到马，于是他便想向住在邻近的裴度借一匹马。裴度原本就是白居易的朋友，所以当然会义不容辞地把马借给白居易，只不过裴度常听其他人说白居易很重视自己所调教的两位歌妓樊素和小蛮，把她们当成家人一样对待，裴度对这件事持着怀疑的态度，因为他觉得歌妓可以再调教，何必太在意，于是他便想利用这次机会试探白居易。他故意对白居易说："要我借你一匹马是没问题，只是我这匹马是使者远从国外带来的，十分珍贵罕见，因此，如果你要马，就必须要拿东西来和我交换！"

　　白居易不明白裴度的用意，以为裴度是向他要钱，于是说："那好吧！因为我现在身上也没带多少钱，就等我回到家后，再派人把钱送到你家里。"

　　裴度装出一副为难的表情向白居易说："钱是身外之物，更何况我俩是好朋友，我怎会向你要钱呢？我想要的是你身旁的两位歌妓——樊素和小蛮，听说她们的舞技和歌艺很精湛，我想要一开眼界。反正你本来就很会调教歌妓，可以再调教出更年轻、更优秀的歌妓，应该不会吝惜把樊素和小蛮送我吧？"

听到裴度的话，白居易连忙摇头说："裴兄啊！这可万万不行！我已经把她们当成是自己的亲人了，哪有人会这么狠心拿自己的亲人来换马？这是绝对不可能的啊！"

裴度听到白居易的话后，才相信白居易对这两位歌妓的重视，于是说："看你急成这个样子，我只是在跟你开玩笑，马当然会借你，你也不必拿任何东西来换！"

白居易知道裴度是在开玩笑后，这才收起紧张的心情，安心地把马牵走。

白居易晚年因为健康不佳，决定放归樊素和小蛮，让正值青春年华的她们去寻找自己的幸福。白居易看着昔日相伴的歌妓一步步地消失在视线之内，他开始一点一滴的回想起过去的一切："当初她们刚来的时候，都还是年幼的小女孩，如今她们都已成为婀娜多姿的女人，而我却变成一个白发老翁，岁月真是不饶人啊！"

想到这里，白居易不禁悲从中来。但是白居易毕竟不是一个自私的人，他只希望她们未来都能嫁个好夫婿，过着幸福美满的日子，这样他内心的苦痛也就稍稍得到平复了。

清泉白石意自然——宅园林池

　　唐代的士大夫由于生活富裕，所以对于住宅非常讲究，但白居易并不像其他士大夫一样只喜欢住在奢华的大宅院中，他要的是生活的艺术和自适的情趣。在江州司马任上，白居易到香炉峰游玩，在这发现了一处人间仙境。这里的地是由洁白的石子铺成的，还有河水潺潺流过，当太阳照射下来时，整片白石子地更显得闪闪发亮。沿着流水，再往山里面走，高耸的松树就像一把张开的大伞，盖住了蔚蓝的天空；而笔直的竹子则是一株挨着一株整齐地排列着，就像是一排青绿色的栏杆。但是这片人间仙境却杳无人迹，一整天都看不到一个人影！白居易心想："这么美丽的地方，竟然没有人发现！干脆我就在这里盖一间房子，以后说不定还可以在这里养老呢！"

　　当他开工时，竟有几只猿猴从山林中跑了出来，它们纷纷蹲在白居易的身旁，好奇地看着白居易，有时还会发出一些叫声，似乎在向白居易打招呼。白居易见那么多可爱的猿猴陪伴着他，也开心地问候它们："请各位多多指教，以后我们就是邻居了！"

就这样，白居易开始打造他的梦想家园。过了一段时间后，房子终于盖好了，一切都打点得差不多时，白居易左看看，右看看，有点疑惑地说："不知道是怎么了，总觉得少了一样东西！"

此时白居易的妻子杨氏来找白居易，当她见到眼前的景色时，不禁赞叹说："哇，这个地方仿佛是古人常说的仙境，要是屋子前面还有一座池子的话，那一定会更完美！"

白居易听了妻子的话，恍然大悟说："对了，就是少了一座池子！"

杨氏紧接着说："如果屋前有一座池子，并在里头养鱼和种莲花，一定能为生活增加许多乐趣。每当微风吹起，池面泛起一圈圈涟漪，小小的浮萍四处漂流，茂盛的荷叶下有红色的鲤鱼自由自在地游来游去，水面上也有一朵朵美丽的白色莲花，那该有多好啊！"

白居易静静地听着妻子的话，然后就照着她的愿望在屋前新开一座池子，并在里头养鱼和种莲花。等到一切都完成后，白居易便把杨氏带来，让她看看这个她梦想中的池子。杨氏非常喜欢这座池子，后来这座池子就成了白居易和杨氏最喜爱的地方，名为"白家池"，两人常一同在湖边欣赏美景、唱歌吟诗。白居易偶尔会在池中泛舟，所以当白家池上出现一叶扁舟，舟上放着一壶酒，里头还坐着一个悠闲的人，这个人肯定就是白居易了！

　　每当坐在这座小屋里，白居易总是高兴地想着："这里真是个美丽的地方啊！瀑布从我身旁飞过，恰巧可以洗涤我被尘埃堵塞已久的耳朵；池塘石阶下的白色莲花，正好可以清洗我长久以来被俗事蒙蔽的双眼。我要左手拿起我最爱喝的酒，右手拿起我最擅长的琴，自由自在地在这里终老一生。"

　　这里就是白居易作品中常常提到的香炉峰草堂，虽然后来白居易又到其他地方当官，可是每次一经过这里，他还是会再绕回来看看这个由他一手搭建的草堂。之后，白居易任忠州刺史时，曾经重新修建自己在长安的新昌宅；分司洛阳时，他也把在洛阳的履道宅修葺了一番。白居易就像专业的建筑设计师，这里修修，那里补补，仔细规划

所有的地方，一丁点都不放过。每个住宅在经过白居易的整理修建后，就会从一无所有变成样样齐全。白居易还曾经得意洋洋地说："上天把拥有美景的机会赏赐给爱山水的人，而我就是此人啊！"白居易就是一个会欣赏美，而且能够创造美的生活大师！

7. 诗文创作成就高

唯歌民病合时事——诗文主张

白居易会留名青史，最大的原因在于他写了许多让古今中外的人都称赞不已的好诗文。"文章合为时而著，歌诗合为事而作"，这是白居易最有名的诗文主张之一。他认为写作诗文必须能够适时，而且合理地反映出社会的问题和人民的需求，如果不能做到这样，就不能称得上是好诗文。所以每当他翻阅一些时人所写的诗文，总是不免摇头叹气说："唉，现在的诗文不是用来奉承上位者，就是写些细琐小事，对国家人民都没有帮助！其实写作好的诗文并不难，最重要的是能合乎时事，指陈时弊，而且必须是有感而发，不能凭空捏造，歪曲事实。这样一来，才能教化百姓，反映民情，也才算是好的诗文！"

白居易创作诗文一定遵守这一原则，《新乐府》和《秦中吟》就是此类诗歌的代表作。白居易把反映生民疾苦奉为诗人的崇高使命，所以"唯歌生民病"成了白居易诗歌的主要内容。

白居易创作诗歌时，最注重诗歌中是否有真感情，因为白居易最讨厌的就是虚情假意的文章。在当时，有很多人都以白居易的诗歌作为学习的典范，但却很少有人知道白居易是如何写出许多好诗的。曾经有一位年轻人因为要应考科举，而来拜访白居易。虽然他也以白居易的诗作为学习的对象，但他的诗就是怎么也写不好，所以这位年轻人就问白居易说："白大人，请您告诉我，要怎样才能把诗写好呢？"

白居易对登门请教的人向来十分客气，而且也不吝惜告诉他们写作方法。因为白居易当时正好在整理花圃，所以他就问了这位年轻人："这位公子，你真的是用'心'在写诗吗？"

年轻人不多加考虑就回答："当然啦！我向来是很用心在写诗啊！"

白居易顺手指着一株植物说："年轻人，你觉得植物要怎样才能种得好呢?"

　　年轻人听了白居易的话后，只觉得一头雾水，然后说："很简单啊! 植物要种得好，必须要先让它的根扎稳，这样它才能长出坚韧的苗芽。之后还要时常浇水和照顾，这样它才能开出美丽的花朵，并且结出丰硕的果实。但是……这和写诗有什么关系呢?"

　　白居易微笑地看着年轻人，然后认真地说："怎么会没有关系呢? 你仔细看看这株植物! 根基稳固的植物才能存活，同样的，情感充实丰沛的诗才是有生命的诗，所以情感是诗的根本，一个人如果没有'真心'，又怎么能写出好诗呢? 再者，诗的文字就像是植物的苗芽，苗芽会长成大树，如果你用语丰富，才能写出一篇内容充实的诗。植物茁壮后还要开花才能变美丽，而诗的声调就像植物的花朵，如果诗的声调铿锵清脆，朗朗上口，自然会引人注意。最后，植物必须结出丰硕的果实，不结果的植物对人们并没有实质上的帮助，而诗中所寄寓的重要意旨就像是植物的果实，如果这首诗没有深刻的意义，对社会与人

民起不了作用，那么它就不是一首好诗。所以'诗者，根情，苗言，华声，实义'，少了其中任何一项，就不能成为好诗。"

年轻人听了以后恍然大悟地说："原来写诗的学问这么简单，但是我却从来不知道，实在是太惭愧了！"

白居易之所以那么注重诗歌的创作，主要是因为白居易认为诗歌能传达人的内心情感，所以他建议朝廷要以反映问题的诗歌来补察时政，并且根据人民的意愿，改良施政措施，这样才能维护社会的长久安定，对国家和人民都有助益。

老妪都解童子吟——诗歌特色

白居易作诗十分用心，从有灵感开始，到完成一首诗，每一个细节都是白居易苦心构思所得来的，因此，要写一首好诗，必须花费很多心力。有一次，白居易刚完成一首诗，但他却不是很满意，于是他就随手把诗搁在书桌上，先出门办事了。

过了一会儿，打扫书房的刘妈来了。刘妈因为长年待在白家，常听白居易和其他文人一起吟诗作对，所以也略懂一些诗文。她把诗拿来读了一下，然后说："真奇怪，这个地方我怎么看都看不懂！"

此时白居易正好办完事回来了，他刚踏进书房，就听见刘妈的话，于是向刘妈说："刘妈，你刚才说的话我全都听见了，你说诗的哪里有问题啊？"

刘妈以为白居易要责骂她，有些害怕，低着头说："大人，我只是随口说说，请大人原谅我，我一定不敢再说了！"

白居易赶紧对刘妈说："刘妈，你误会了！我并没有要骂你的意思！我只是想请教你这首诗哪里有问题，因为我也觉得不满意，可不可以请你告诉我是哪个地方让你看不懂啊？"

刘妈听到白居易的话后，才缓缓抬起头，把不懂的地方指了出来，而刘妈所指的地方，正是白居易感觉不满意的地方，白居易见状说："我想的果然没错，问题就出在这里。谢谢你，刘妈，等我改好了再请你帮我看看！"

白居易记下刘妈指出的地方，慢慢思索起来，过了好一会儿才修改好。白居易又拿给刘妈看，但是刘妈依旧不懂，白居易也感到不满意，他说："的确是不好，我应该再思考一下！"

就这样，白居易把诗作一改再改，等到他满意了，再拿给刘妈看，直到刘妈懂得诗中要表达的意思，白居易这才停止修改的工作。这样陆陆续续地修改，花了白居易将近一个月的时间，可是白居易并没有因此而感到浪费时间，因为把诗写得明白通达，让读者可以体会诗中的意义，这才是白居易写诗最重要的目的。

又有一次，白居易经过一处学堂，听见学堂内有人在吟诵他的诗，于是，便靠近去看看学堂内的情形。只见老夫子正脸红脖子粗地对一位学生发脾气说："这些都是白居易大人有名的诗歌，你怎么都学不会呢？你真是太不用功了！"

这个学生不好意思地搔搔头，然后害羞地说："夫子，并不是我不认真，只是这首诗中有一些字词实在很难，我才会搞不懂诗中的含义。"

白居易看见这种情形，就走进学堂内，很有礼貌地

说："这位夫子，无故来打扰您，实在很对不起，我就是这首诗的作者。应该是我的诗写得有问题，所以这孩子才会不懂，您就别再责备这个孩子了。"

看到大诗人白居易竟然出现在自己眼前，每个人都瞠目结舌。此时白居易转过身来问那学生说："孩子，可以请你告诉我哪些地方让尔看不懂吗？"

这位学生虽然觉得很震惊，还是把自己不懂的地方一一告诉白居易。

白居易听完了他的话后，很恭敬地回答说："孩子，谢谢你告诉我诗中的问题，我回去修改，等我修改完后再拿来给你读读看！"

白居易回去后就开始修改他的诗，隔天早上，他就把修改后的诗拿给那个学生看，学生看过后觉得诗义一目了然，连老夫子都称赞说："不愧是大诗人，诗作修改后不仅变得更加浅白易懂，连诗境都更上一层楼！"

大家都说白居易的诗歌是"老妪童子都能解"，连老妇人和六七岁的童子都能对白居易的诗歌朗朗上口，所以浅白易读就成为白居易诗歌的最大特色。

花开富贵百姓穷——创作讽谕诗

在白居易全部的诗作中，他最重视的是讽谕诗①，白居易的讽谕诗多作于担任左拾遗时期，可以《秦中吟》为代表。《秦中吟》十首作于贞元、元和之际，当时白居易正在长安任官，他将自己的所见所闻，和许多令人感到悲伤的事都用诗歌记录下来，对上层的执政者起到了警示和劝告的作用。

《秦中吟》的第十首《买花》是白居易用来讽刺当时富贵人家争相买牡丹花的情形。因为牡丹花不仅漂亮，还代表富贵，所以在朝廷和民间都兴起一股买牡丹花的风气，一旦有新品种的牡丹花上市，就可以看见富贵人家争先恐后抢购牡丹花的情形，富贵人家都把买牡丹花当成一种流行，大家常常为了抢购最名贵的牡丹花而大吵。某天，街上又发生了同样的事情。此起彼落的喊价，弄得小

---

① 讽谕诗是指用委婉的语气写诗劝告他人，让人明白做人处世的道理。白居易的讽谕诗多作于担任左拾遗时期，这些诗的内容包括对君王的劝诫、对权豪富贵者的批评，还有对一般老百姓的关怀，白居易的讽谕诗每首都是脍炙人口的佳作。

贩不知道要把花卖给谁，市场上的人都纷纷围过来看。

此时，一位种田的老翁恰巧经过市场，他看见富贵人家争相买花的情形，露出一副无奈的表情，喃喃自语地说："唉，同样是辛苦栽培出来的作物，我们种的那些可以让人填饱肚子的谷物，在这些人的眼里看起来是一文不值；但他们却愿意花大把银子买这些艳丽却容易凋谢的牡丹花，我们穷人实在很难理解他们富贵人家的想法。"

白居易不仅看到了争相买牡丹花的情形，也听到了老农民的埋怨，他回到家后，写下了《买花》一诗，诗中，他以"一丛深色花，十户中人赋"二句，揭示了隐藏在富人争购牡丹花背后的社会问题，表达了对劳动人民困苦生活的同情。

白居易的讽谕诗往往带有很强的批评意味，但他的用意不是在攻击他人，而是希望朝廷能看见民间的苦痛和社会的弊端，这样才能彻底解决民生疾苦的问题。所以白居易用诗歌在人民和朝廷之间搭起了沟通的桥梁，造福了百姓和社会。

8. 传诵千古的佳作

边功未立生人怨——《新丰折臂翁》

天宝末年宰相杨国忠为了向皇帝邀功，出兵征伐南诏王，却不幸在泸水全军覆没。有一个人虽然幸运逃过此劫，但也付出了惨痛的代价。他的故事就被记录在白居易的诗歌中，白居易称他为"新丰折臂翁"。

故事是这样的，话说有一天下午，热闹的市集上，出现一个驼背老翁的身影，身旁还有两个小孩正搀扶着他步履蹒跚地走来……

这个老翁看起来十分特别，他的左臂靠着孩子的肩膀，右臂则是随着步伐不停地左右剧烈晃动，身体的动作看起来极度不协调。老翁靠近菜摊，想要挑几把菜来当晚餐，但是他的手就是不听使唤，到手的菜随即又掉了一地，菜贩热心地帮老翁挑了几把青翠的蔬菜，并问老翁说："老爷爷，您的手是怎么了？"

老翁不停地摇头叹气，然后张着满口缺牙的嘴，用缓慢的语气将过去的事一五一十地说出来："我今年已经八十八岁了！这条手臂是因为战争而折断的！"

正当老翁在细说他的往事时，不知不觉中，老翁的身边开始围拢起重重的人群，人群中传出一阵责骂声："战争？那么说你的手臂是被敌人打废的吗？这些人实在是太可恶了！"

老翁急忙摇头争辩说："不是的，不是这样的！我的手是自己折断的！"

大家一脸疑惑地看着老翁说："自己折断的？怎么可能呢？"

老翁又叹了一口更深更长的气说："这件事情说来话长啊！我年轻时住在新丰县，当时宰相为了向皇上邀功，于是提出了出兵南诏的意见，想不到皇上竟然答应了，立即向民间征兵。当时家中有三个男丁的，就必须派遣一人到相隔万里的沙场去战斗。可是上战场的人没有一人活着回来，所以每到征兵的时候，街头巷尾就会响起一片哀嚎，儿子要拜别爹娘，丈夫要告别妻子，大家都陷入生离死别的痛苦中。那时我二十四岁，兵部征人点到了我的名字，我害怕得不知如何是好。为了要保住一条小命，只好利用夜深人静时，偷偷拿起一块大石头往自己的右手臂上一砸，喀嚓！我的手臂就这样筋骨全断了，当时真是痛不欲生啊！我在家中昏死了七天七夜，好不容易才从鬼门关里逃了出来。从此以后，虽然我的一条手臂残废了，但却不必再上战场，也保住一条小命，安然过了六十多年。"

众人都以怜悯的眼神看着老翁，还有人问说："老爷爷，残疾是一件痛苦的事，难道你从来不后悔吗？"

老爷爷用温暖的眼神看着身旁的两个小孩子，突然开怀地笑了，他说："虽然每逢风雨交加的夜晚，折臂处就会剧烈地疼痛，但我从来不后悔！因为忍住痛苦，才让我免做孤魂野鬼，也不用和家人分开。你看，旁边这两个小孩就是我的小玄孙，他们多么可爱啊！我高兴都来不及了，又怎么会后悔呢？"

老翁说完，就带着两个小玄孙缓慢离开，消失在日落黄昏的街道上，现场只剩下一群男女老少交头接耳地议论着刚才的事。白居易心想："唉！天宝时期的宰相杨国忠，借着皇上的恩宠胡作非为，残害了多少美满的家庭！战功都还未建立，就使无数的百姓产生怨愤，只要看一看新丰折臂老翁，就可以知道人民的怨气有多深了！"

白居易为了要让皇上知道战争给人民带来多大的苦痛，便写下这首《新丰折臂翁》，希望让朝廷的官员都能以此为诫，不要再因此而招致民怨了！

此恨绵绵无绝期——《长恨歌》

《长恨歌》作于宪宗元和元年（806 年），白居易担任盩厔县尉时。因为盩厔地近杨贵妃被赐死的马嵬坡，所以白居易利用闲暇时和朋友同游此处，有感而发写了这首长诗。当时会唱《长恨歌》的歌妓，身价皆因此而大涨。然而"长恨"诗中恨的到底是什么呢？现在就让我们一起来欣赏这段凄美动人的爱情故事吧！

话说天宝年间，唐玄宗沉溺于美色，下令各地官府选派姿色美艳的妙龄少女呈献给朝廷。当时很多大户人家都急忙把自己的女儿打扮得漂漂亮亮，期待能被选中。此时，杨家也有一个初长成的少女，名叫玉环，她既不喜欢佩戴华丽的珠宝，也不涂抹艳丽的胭脂，对于选妃之事，她一点儿都不在意。

想不到官府的挑选官却说："美极了！美极了！即使没有打扮，还是无法遮掩她美丽的容貌和高贵的气质！就是你了！皇上看了一定会十分喜爱的。"

从此以后，玉环就变成皇上身边最受宠的妃子，大家都称她杨贵妃。

说起她的美，可不是能简单形容的。每次只要她回眸一笑，那种千娇百媚的姿态就使当时在场的佳丽顿时失色。每当她在华清池里沐浴时，更可见到她雪白柔嫩的肌肤。当宫女要将她从池中扶起时，她全身娇弱无力的样子，更把皇上迷得神魂颠倒。皇上已经不能一天没有她了！

皇上天天和杨贵妃一起游玩赏乐，根本忘了还有国家大事要处理，甚至连早朝都不去了，这让朝廷百官十分忧心。而杨贵妃不仅集三千宠爱于一身，连她的兄弟姐妹也因此得到高官厚禄，显赫一时，当时天下人因为看见杨贵

妃的受宠，都认为生女孩比生男孩有用多了。

由于皇上终日荒废国事，导致朝中小人当道，边地则有藩镇割据，战争终于爆发了！城里城外到处都是硝烟弥漫，皇上连夜被人护送出宫，当然还带走了他最喜爱的杨贵妃。只是路才赶了一半，大队人马就停在马嵬坡前不走了，大家开始喧哗吵闹："我们都不要走了！会变成今天这种局面，完全是因皇上太宠爱杨贵妃以致荒废国事，才会发生这种不可收拾的灾祸，所以皇上如果不赐死杨贵妃这个红颜祸水，我们就不走了，我们就和皇上同归于尽！"

皇上无法制止大家的喧闹，又无法让大军继续前进，只好无奈地赐死杨贵妃。贵妃不停地挣扎，以致首饰散落一地，最终还是难逃一死。当贵妃一死，大批军队马上启程，而皇上却暗自掩面哭泣："玉环啊！玉环啊！都是朕害死了你呀！"

不久后，战事平定，但皇上仍是郁郁寡欢，日日夜夜都想着杨贵妃，想得头发都发白了。此时，有一个道士来求见皇上："皇上，小人有通天入地的招魂本领，可以帮皇上找到死去的贵妃娘娘！"

道士找遍了各个仙境，终于在仙山找到杨贵妃的魂魄。谁知贵妃却对道士不理不睬，她说："你说是皇上派你来的，我才不相信呢！皇上早已忘了我这个死去的贵妃，怎么还有可能叫你来找我呢？"

　　道士赶紧说："贵妃娘娘，你千万别这么说啊！皇上每天都深情地望着你留下来的一些首饰和衣物，而且还想你想得头发都发白了，身体也一天比一天虚弱，皇上对你是真心的啊！"

　　贵妃起初还不原谅皇上，后来道士将皇上对贵妃的思念巨细靡遗地描述出来，贵妃才被皇上的真心所感动，于是嘱咐道士说："其实我也很想念皇上！麻烦你帮我转告皇上，请他别忘了七月七日当夜，我们在长生殿一起许下的誓言：'在天愿作比翼鸟，在地愿作连理枝。'①我会永远记得皇上，而且还会在这里等他，就请他别再伤心了！"

　　道士将贵妃的话传达给皇上，皇上听了感动不已。不久，皇上就安详地去世了，和贵妃在仙山相会，一同过着

———————

① 比翼鸟是指雄雌相伴而飞的鸟；连理枝是指两棵不同根的树，枝干交织在一起。不管是比翼鸟还是连理枝，都代表着永不分离的意思。

幸福美满的日子！

白居易听了这个故事后，感叹说："唉，天长地久都有穷尽的时候，但是悲情的怨恨却是永远不会消失的！"

因为皇上任人不当以致奸人当道，使老百姓饱受战争的摧残，而皇上和贵妃的情爱也成了永难弥补的缺憾，后代的君王又怎能不以此为借鉴，更加用心治理国家呢？

江州司马青衫湿——《琵琶行》

《琵琶行》作于元和十一年（816年）秋天，当时白居易正担任江州司马。这首诗歌记录白居易送客到溢浦江口时，遇见一位琵琶女。接着又引发一连串催人泪下的故事。为什么琵琶女和白居易会"同是天涯沦落人"呢？而白居易又如何会"江州司马青衫湿"呢？就让我们来一探究竟吧！

元和十一年，某个微凉的秋夜，白居易在溢浦江口和朋友分离，正当他们彼此依依不舍地互道珍重时，忽然听见远方船中传来一阵悦耳动听的琵琶声。此时，一旁的友人对白居易说："乐天兄，你是否有听见琵琶声呢？"

"有啊！好像是从船上发出来的，而且听那铿锵清脆的弦声，好像是京城流行的调子。我们到船上去瞧瞧吧！"

来到音乐的来处，只见船上坐着一个女子，抱着琵琶遮着半边的脸蛋在演奏歌曲。白居易向前询问："这位姑娘，请问你是从哪来的，你弹奏的乐曲中为何有京城流行的调子呢？"

琵琶女听到白居易的话后，娓娓道出自己悲苦的身世："我本是京城的歌女，家住虾蟆陵下，十三岁就弹得一手好琵琶，许多人都非常嫉妒我的容颜和技艺。常有一大群富家子弟争相要送我财物，我也从不珍惜这些财物，常常把他们送我的珍贵梳子用来打拍子，一不小心打碎了，就随手把它扔了，反正很快就会有人送我新的；又把他们送我的珍贵布料做成衣裙，即使被泼洒出来的酒弄脏了，我也不会在意，反正家中还堆放了许多更华丽的布匹。就这样年复一年，日复一日，珍贵的日子就被我随便浪费掉了。"

白居易皱着眉头说："听起来你有一段很风光的过往，为什么现在你会沦落到这里呢？"

琵琶女随手拨了两下琵琶，然后低头继续说："当我在受尽宠爱时，也没有预料会有今日的下场啊！因为后来我的弟弟被征召去战场，从此一去不回；和我相依为命的阿姨又不幸染病，命丧黄泉！日子一天天过去，我的容貌渐渐衰老，那些富家子弟再也不来找我了，我也只好无奈地下嫁商人了！"

白居易的朋友接着问："商人应该都很有钱，肯定会让你过好日子，你又何必忧伤呢？"

琵琶女摇摇头，用琵琶掩面哭泣说："我当初也是这么想的，谁知我的命不好，遇到一个把钱看得比我还重要的人，根本没把我放在心上。前些日子他刚去浮梁买茶叶，我每天都在江口守着这艘空荡荡的船，苦苦等待他回来，陪伴我的只有一轮明月和凄寒的江水而已！等着等着，不小心睡着了，还梦到以往欢乐的日子，一觉醒来才知是梦，让我更加心碎，连妆都哭花了，就是不见他身影。"

在场的人听了琵琶女的故事后，不禁感伤落泪，白居易也感受颇深地说："唉，听到琵琶的声音就已经令人难过得无法忍受了，现在又听到这番话，叫我怎么能忍住满

眶热泪呢?! 我和你同是遭人离弃,沦落在天涯一角的人,尽管并不熟识,但相见就是有缘,又何必一定要是深交的朋友呢?就请你再奏一曲吧!"

琵琶女被白居易的话感动了,退回原来的地方,再次弹起琵琶,虽然乐曲已没有刚才那样悲伤,但是座上的听众一听到琵琶声还是忍不住落下泪来。你们猜,谁哭得最悲惨呢?就是那位穿着青色官服①,被贬为江州司马的白居易呀!

因为琵琶女的凄凉身世让白居易联想起自己的政治遭遇,又怎能不有"同是天涯沦落人"的愁恨呢!后来为了纪念白居易的《琵琶行》,江州人民就在那一带建立了琵琶亭,而此处也成为当地的旅游名胜。

---

① 古代的官位可以从衣服的颜色来辨认。官员较高的人大多穿紫色和红色,官位较低的人则穿绿色或青色。白居易任江州司马,官位卑微,所以他只能穿青色的官服。

9. 名播中外的伟大诗人

　　白居易虽然在仕途上无法实现他伟大的抱负，但在文坛上，他的作品却是广为流传，受到大家的好评。白居易还没到中年，就已经是一位家喻户晓的大诗人。宪宗元和十年（815年），白居易四十三岁，当时他被贬为江州司马，在从长安到江西的路上，因为会经过一位好友的住处，所以白居易就顺道去拜访，而朋友也因为白居易的到访而准备了一席丰盛的酒宴，并请来一群歌妓助兴。想不到这群歌妓一上场，白居易就听到她们在窃窃私语："你们赶快看，这位大人就是作《秦中吟》和《长恨歌》的大诗人白居易啊！今日能在此地见到他的真面目，真是三生有幸！"另一位歌妓也说："对啊！对啊！我最喜欢《长恨歌》中的'天长地久有时尽，此恨绵绵无绝期'这句诗了。原来写出这首好诗的人就是他啊！"

白居易不以为意，心想："大概是朋友之前和她们提过我的诗，所以她们才会知道我这个人。这应该是凑巧吧！"

在酒宴结束后，他又继续赶路了。可是令他感到惊讶的事还在后头，因为从长安到江西三四千里的路程中，沿途不论经过乡间学校、旅馆，还是偏僻的寺庙、港口，他都听见有人在吟诵他的诗，而且不管是读书人、和尚，还是一些妇人和小孩，都能吟诵他的诗，白居易怎样也想不到自己的诗竟然流传得这么广。但他并没有因此而自负，反而更加砥砺自己："没想到我的诗竟然能传到这么远的地方来，我以后写诗一定要更加细心，不然出了错，可是会让天下人笑话的！"

因为有这份决心，白居易努力使自己的诗艺迈向更高峰，就连朝鲜和日本，都有人抢购白居易的诗文。

白居易七十三岁时为自己的诗文总集作了后记，共七十五卷，有诗三千多首，在唐朝诗歌史上是名列前茅的，其中有许多传诵千古的佳作！

白居易晚年在家中度过了一段悠闲的日子，武宗会昌六年（846年）八月，白居易在家中安详地去世，享年七十四岁。白居易生前曾说过："等我死后，只要在我的坟墓前立一座石碑，再刻上我写的《醉吟先生传》就可以了！"所以家人就遵照白居易的遗言将他安葬于洛阳龙门，而且皇上也写了诗悼念白居易。从此以后，龙门成了文人及百姓来洛阳时的必到之处。

有一天，一位文人带着他的孩子来到白居易的墓前祭拜，小孩看见墓地四周都洒满了酒，满是疑惑，于是问父亲说："爹爹，这里的人怎么都这么浪费，把可以喝的酒洒了满地？"

文人笑着对身旁的孩子说："傻孩子，你误会了！因为白大人生前很喜欢喝酒，所以每次有人来这里祭拜他时，就会在他坟前的泥土上洒酒，这也是对白大人的一种敬重之意！"

孩子接着又说："怎么可能呢？这坟前的泥土明明还是湿的，就像是刚洒上去的啊！"

文人这次笑得更大声了，他对孩子说："怎么不可能呢！白大人生前对百姓很好，而且还写了许多好诗，很多人都非常景仰他，所以白大人墓前的泥土从来没有干过，永远是湿漉漉的一片。"

孩子这才停止追问，并用敬重的眼神望着白居易的墓碑。

白居易对家人的情义，还有无怨无悔为百姓谋求福利的态度，上至权威显赫的皇上，下至贫贱无名的老百姓，都深受感动。而他的诗不仅在当时传遍了大街小巷，连后来的文人也把他的诗当成是学习的榜样，所以白居易的诗在几百年，甚至是几千年后，都会被爱好诗歌的人吟咏不休！他的精神将会在人们心中永存。

白居易小档案

772 年　出生。

791 年　小弟白幼美病逝。

794 年　父亲过世。

800 年　考中进士，是同榜考上的十七人中年龄最小的。

802 年　通过吏部考试。

806 年　写成《长恨歌》。

809 年　与好友杨汝士的妹妹结婚。同年，长女金銮子出生，却不幸于三岁夭折。

811 年　母亲过世。

815 年　因"武元衡事件"直谏而被当权者所恶，被贬为江州司马。

816 年　作《琵琶行》。

817 年　次女罗子出生。

818 年　转任忠州刺史。

822 年　请求朝廷将他外调到杭州当刺史。

825 年　任苏州刺史。

829 年　儿子出生，不久即夭折。

831 年　因好友元稹去世而作《哭微之》诗及《祭微之》文，并为其撰写墓志铭。

842 年　刘禹锡去世，白居易再次遭受挚友死亡的打击。同年，以刑部尚书致仕。

846 年　去世。